Die Erfindung
des freien Willens

Illusion, Entscheid und Beschluss

Eine Betrachtung

von

Lutz Spilker

DIE ERFINDUNG DES FREIEN WILLENS – ILLUSION, ENTSCHEID UND BESCHLUSS

Bibliografische Information der Deutschen Nationalbibliothek:
Die Deutsche Nationalbibliothek verzeichnet diese Publikation in der Deutschen Nationalbiblio-
grafie; detaillierte bibliografische Daten sind im Internet über http://dnb.dnb.de abrufbar.

Softcover ISBN: 978-3-384-12754-9
Ebook ISBN: 978-3-384-12755-6

Druck und Distribution im Auftrag des Autors:
tradition GmbH, An der Strusbek 10, 22926 Ahrensburg, Germany

Inhalt

Verfallen wir nicht in den Fehler, bei jedem Andersmeinenden entweder an seinem Verstand oder an seinem guten Willen zu zweifeln.

Otto von Bismarck

Otto Eduard Leopold von Bismarck-Schönhausen, ab 1865 Graf von Bismarck-Schönhausen, ab 1871 Fürst von Bismarck, ab 1890 auch Herzog zu Lauenburg (* 1. April 1815 in Schönhausen (Elbe); † 30. Juli 1898 in Friedrichsruh bei Aumühle), war ein deutscher Politiker und Staatsmann.

Vorwort

Friedrich Nietzsche (1844-1900) spekulierte darüber, dass wahre Freiheit darin besteht, in Ketten tanzen zu können. Doch stellt sich die Frage, ob nicht jeder von uns sich selbst – in gewisser Weise – in Ketten legt. Könnte dieser Zustand dann nicht als völlig normal betrachtet werden? Möglicherweise üben auch die Einflüsse unserer Umwelt, wenn auch permanent und unbemerkt, ihren dezenten Einfluss aus. Ein interessantes Beispiel dafür ist die Dominanz der Farbe ›Grün‹ bei nahezu allen Pflanzenarten, doch auch an Orten, an denen die menschliche Gemütslage kontrolliert werden soll.

Betrachtet man das Cover dieses Buches, könnte man sich fragen, ob nicht auch hier eine Vorliebe für eine bestimmte Farbe besteht, die dann bevorzugt gewählt wurde. Die Bedeutung von Farben prägt nicht nur Menschen, wie Johann Wolfgang von Goethe (1749-1832) in seiner Farbenlehre (ISBN: 9780262570213) dokumentiert hat.

Ob es um die Auswahl von Pillen, Autos oder anderen Dingen geht, ist dabei zweitrangig. Die Entscheidung, vor der wir stehen, scheint kaum noch als ›frei‹ im eigentlichen Sinne des Wortes betrachtet werden zu können.

Die Thematik des freien Willens ist ein faszinierendes und tiefgreifendes Gebiet, das seit Jahrhunderten Philosophen, Wissenschaftler und Denker gleichermaßen herausfordert. Im hier vorliegenden Buch ›Die Erfindung des freien Willens‹ strebe ich an, einen umfassenden Einblick in die Entwicklung, die verschiedenen Perspektiven und die aktuellen wissenschaftlichen Diskussionen zu bieten, die mit diesem fundamentalen Konzept des menschlichen Bewusstseins verbunden sind.

Das Verständnis des freien Willens ist in unserer Gesellschaft von zentraler Bedeutung. Es prägt nicht nur unsere moralischen und ethischen Überlegungen, sondern beeinflusst auch Aspekte wie Rechtsprechung, Sozialpolitik und persönliche Verantwortung. Doch die Frage, ob der Mensch einen freien Willen besitzt oder ob deterministische Kräfte unser Handeln lenken, bleibt eine der komplexesten und kontrovers diskutierten in der Geschichte der Ideen.

Im ersten Teil dieses Buches werde ich die historische Entwicklung des Konzepts des freien Willens beleuchten. Von antiken philosophischen Debatten bis zu modernen wissenschaftlichen Entwicklungen wird deutlich, wie dieses Konzept durch verschiedene Zeitalter hinweg geformt wurde und welche Einflüsse es dabei erfahren hat.

Im zweiten Teil widme ich mich den unterschiedlichen philosophischen Positionen, die den Diskurs prägen. Von den Anschauungen des Determinismus über die verschiedenen Spielarten des Kompatibilismus bis hin zu starken Formen des Libertarismus werde ich die vielfältigen Standpunkte vorstellen und ihre jeweiligen Implikationen für unsere Vorstellungen von Freiheit und Verantwortung erörtern.

Im dritten Abschnitt des Buches werde ich die aktuellen wissenschaftlichen Erkenntnisse und Herausforderungen im Zusammenhang mit dem freien Willen untersuchen. Neurologische Studien, psychologische Experimente und philosophische Analysen bieten einen Einblick in die komplexe Beziehung zwischen unserem Gehirn, unseren Entscheidungen und der Illusion von Willensfreiheit.

Es ist mein Anliegen, dem Leser einen fundierten Überblick über dieses komplexe und faszinierende Thema zu bieten. Dabei sollen wissenschaftliche Erkenntnisse verständlich vermittelt und unterschiedliche Perspektiven respektvoll dargestellt werden. Das Ziel ist nicht, eine endgültige Antwort zu präsentieren, sondern vielmehr dazu beizutragen, dass der Leser seine eigenen Überlegungen zum freien Willen schärfen kann.

Ich lade Sie ein, sich auf eine intellektuelle Reise einzulassen, bei der wir die Grenzen unseres Verständnisses von Freiheit und Determinismus erkunden. In der Hoffnung, dass dieses Buch dazu beiträgt, den Diskurs über das faszinierende Phänomen des freien Willens zu bereichern, freue ich mich darauf, Sie auf dieser Reise zu begleiten.

Die Grundlagen des Willens - Einführung in die Konzepte des freien Willens

Die Auseinandersetzung mit dem Konzept des freien Willens ist von zentraler Bedeutung für die Philosophie, Psychologie und Neurowissenschaften.

In diesem Kapitel werden wir uns mit den grundlegenden Aspekten des freien Willens auseinandersetzen und einen historischen Überblick über die Diskussionen zu diesem Thema geben.

Die Definition des freien Willens

Bevor wir uns in die historischen Perspektiven vertiefen, ist es wichtig, den Begriff des freien Willens zu definieren. Der freie Wille bezieht sich auf die Fähigkeit eines Individuums, bewusste Entscheidungen unabhängig von äußeren Zwängen zu treffen. Es ist ein Konzept, das nicht nur philosophische, sondern auch ethische, religiöse und wissenschaftliche Dimensionen umfasst.

Historischer Überblick

Die Diskussion über den freien Willen reicht weit zurück in die Geschichte der Philosophie. Schon in der Antike beschäftigten sich Philosophen wie Sokrates, Platon und Aristoteles mit der Frage, ob der Mensch über einen freien Willen verfügt. In späteren Epochen setzten sich Denker wie Augustinus, Thomas von Aquin und Immanuel Kant intensiv mit diesem Thema auseinander.

Im Mittelalter wurde der freie Wille oft im Kontext religiöser Lehren diskutiert, während die Renaissance und die Aufklärung neue Perspektiven einbrachten. Die Debatte spitzte sich zu, als die aufkommenden Naturwissenschaften und die Entwicklungen in der Psychologie im 19. Jahrhundert neue Fragen aufwarfen.

Determinismus vs. Indeterminismus

Ein zentrales Element in den Diskussionen über den freien Willen ist die Debatte zwischen Determinismus und Indeterminismus. Determinismus argumentiert, dass alle Ereignisse, einschließlich menschlicher Entscheidungen, durch vorherige Ursachen festgelegt sind. Indeterminismus hingegen behauptet, dass es zumindest einige zufällige oder unvorhersehbare Elemente gibt, die Einfluss auf Entscheidungen nehmen.

Neurowissenschaftliche Perspektiven

Mit dem Fortschritt der Neurowissenschaften im 20. und 21. Jahrhundert haben Forschungen zu Hirnaktivitäten und neurologischen Prozessen neue Einsichten in die Natur des Willens gebracht. Die Frage, ob unsere Entscheidungen rein biologisch determiniert sind oder ob es einen Raum für freien Willen gibt, bleibt eine komplexe und kontroverse Thematik.

In diesem Kapitel haben wir einen ersten Einblick in die Grundlagen des freien Willens gewonnen und einen historischen Überblick über die Debatten zu diesem faszinierenden Thema erhalten. In den folgenden Kapiteln werden wir uns mit spezifischeren Aspekten, aktuellen Forschungen und ethischen Implikationen auseinandersetzen.

Antike Philosophie - Vom Schicksal zur Autonomie

In der antiken Philosophie durchliefen die Vorstellungen zum menschlichen Willen eine faszinierende Entwicklung, die von fatalistischen Überlegungen hin zu autonomeren Konzepten führte.

Das Kapitel wirft einen Blick auf die unterschiedlichen Auffassungen bedeutender antiker Philosophen zum Thema des menschlichen Willens.

Die Frühzeit: Fatalismus und Determinismus

Die frühen Denker der antiken Welt, insbesondere in der griechischen Philosophie, neigten dazu, dem Schicksal und dem Determinismus mehr Gewicht beizumessen. Eine dominierende Ansicht war, dass die Handlungen der Menschen vorherbestimmt seien und von übernatürlichen Kräften oder Göttern gelenkt würden. Beispielsweise vertrat der Vorsokratiker Parmenides die Idee einer unveränderlichen Realität und einer notwendigen Abfolge von Ereignissen.

Die Sophisten und die Aufbruchstimmung

Mit dem Aufkommen der Sophisten entwickelte sich ein kritischer Blick auf den Willen. Sophisten wie Protagoras betonten die Relativität von Wahrheit und Ethik. Obwohl nicht einheitlich fatalistisch, förderten sie den Gedanken, dass individuelle Überzeugungen und Meinungen eine entscheidende Rolle bei der Formung des Handelns spielen.

Platon und die Ideenwelt

Platon, Schüler des Sokrates, trug zu der Debatte bei, indem er die Ideenwelt einführte. Seine Idee der Seelenwanderung und der Erinnerung an vorherige Erfahrungen deutete auf eine gewisse Kontinuität und Prägung des Willens hin. Platon betonte jedoch weiterhin die Hierarchie der Seelen und eine gewisse Bestimmung in ihrer Entwicklung.

Aristoteles und die Entfaltung der Potenzialitäten

Aristoteles, ein Schüler Platons, brachte eine differenziertere Perspektive ein. Er argumentierte, dass der Wille nicht völlig determiniert sei, sondern von individuellen Potenzialitäten und Entwicklungen beeinflusst werde. Die Entfaltung der Tugenden und die Verwirklichung des individuellen Lebensziels wurden für Aristoteles zu zentralen Aspekten der Willensbildung.

Epikur und die Suche nach persönlichem Glück

Die stoische Philosophie, vertreten durch Epikur, betonte die Rolle der persönlichen Freiheit und die Suche nach individuellem Glück. Epikur lehnte einen strikten Determinismus ab und betonte die Fähigkeit des Einzelnen, durch rationale Entscheidungen sein eigenes Schicksal zu gestalten.

Insgesamt zeigt die Entwicklung von fatalistischen zu autonomeren Vorstellungen in der antiken Philosophie einen schrittweisen Übergang von rein deterministischen Ansichten zu einem differenzierteren Verständnis des menschlichen Willens und seiner Handlungsfreiheit. Diese vielschichtige Debatte bildete den Grundstein für spätere philosophische Diskussionen über den freien Willen.

Mittelalter: Religiöse Perspektiven

Dieses Kapitel beleuchtet die tiefgreifenden Einflüsse der Religion auf das Verständnis des freien Willens während dieser Epoche.

Während das Mittelalter von einer dominierenden theologischen Perspektive geprägt war, entwickelten sich innerhalb der theologischen Lehren kontroverse Ansichten über die Natur des menschlichen Willens.

Augustinus und der theologische Determinismus

Die Lehren des Kirchenvaters Augustinus von Hippo hatten einen erheblichen Einfluss auf das mittelalterliche Verständnis des freien Willens. Augustinus betonte die völlige Abhängigkeit des menschlichen Willens von Gottes Gnade und führte den Begriff des theologischen Determinismus ein. Nach seiner Ansicht konnte der Mensch ohne göttliche Intervention nicht frei handeln, da die Erbsünde seine Autonomie beeinträchtigte.

Thomas von Aquin und die Synthese von Glaube und Vernunft

Im Gegensatz zu Augustinus versuchte Thomas von Aquin, einen Mittelweg zwischen Glaube und Vernunft zu finden. Thomas argumentierte, dass der menschliche Wille zwar von der Gnade Gottes abhängig sei, aber auch eine rationale Autonomie besitze. Er entwickelte die Idee eines ›synergetischen‹ Willens, bei dem göttliche Gnade und menschliche Vernunft zusammenwirken, um moralische Entscheidungen zu beeinflussen.

Die Kontroverse der Gnade: Thomisten vs. Scotisten

Die mittelalterliche Theologie sah eine bedeutende Kontroverse zwischen Thomisten und Scotisten. Während die Thomisten die Synergie von Gnade und freiem Willen betonten, argumentierten die Scotisten, angeführt von Duns Scotus, für eine stärkere Betonung der göttlichen Gnade und eine geringere menschliche Mitwirkung. Diese Debatte trug dazu bei, das Verständnis des freien Willens in der theologischen Tradition zu differenzieren.

Nominalismus und die Herausforderung der universellen Konzepte

Der Aufstieg des Nominalismus, vertreten durch Denker wie Wilhelm von Ockham, trug ebenfalls zu Kontroversen bei. Nominalisten betonten die individuelle Natur von Begriffen und bestritten die Existenz universeller Konzepte. Dies hatte Auswirkungen auf die theologische Debatte über den freien Willen, da die Frage nach der Universalität moralischer Prinzipien im Mittelpunkt stand.

Die Reformation und neue Perspektiven

Mit der Reformation im 16. Jahrhundert wurden die Diskussionen über den freien Willen intensiviert. Reformatorische Theologen wie Martin Luther und Johannes Calvin betonten die totale Verdorbenheit des Menschen und die Vorherbestimmung durch Gott. Diese Ansichten führten zu neuen theologischen Paradigmen und prägten das Verständnis des freien Willens in der nachfolgenden Zeit.

Insgesamt spiegelt das Kapitel die komplexe Beziehung zwischen Religion und dem Verständnis des freien Willens während des Mittelalters wider. Die theologischen Kontroversen prägten die philosophische Landschaft dieser Epoche und hinterließen einen nachhaltigen Einfluss auf spätere Diskussionen über den freien Willen.

Frühe Neuzeit: Philosophie und Aufklärung

In diesem Kapitel wird die bedeutsame Periode zwischen dem 16. und 18. Jahrhundert beleuchtet, in der herausragende Denker einen entscheidenden Beitrag zur Entwicklung des Verständnisses des freien Willens leisteten.

Diese Denker prägten nicht nur die Philosophie, sondern beeinflussten auch gesellschaftliche und politische Strukturen.

René Descartes und die Autonomie des Denkens

Der französische Philosoph René Descartes trug zur Entwicklung des freien Willens bei, indem er die Autonomie des Denkens betonte. Seine berühmte Aussage ›Cogito, ergo sum‹ (Ich denke, also bin ich) unterstreicht die zentrale Rolle des individuellen Denkens. Descartes argumentierte, dass der Wille frei sei, insofern er die Fähigkeit zur rationalen Überlegung und Entscheidungsfindung besitze. Diese Ideen bildeten die Grundlage für das moderne Verständnis des Subjekts und seiner Handlungsfreiheit.

John Locke und die Grundlage der Freiheit

Der englische Philosoph John Locke prägte das Verständnis des freien Willens durch seine Theorie der Tabula Rasa (leere

Tafel/leerer Tisch). Er argumentierte, dass der menschliche Geist bei der Geburt eine ›leere Tafel‹ sei, auf der Erfahrungen und Eindrücke geschrieben werden. Locke betonte die Verbindung zwischen persönlicher Freiheit, Eigentum und der Möglichkeit, das eigene Schicksal durch Arbeit und Handeln zu gestalten. Seine Ideen hatten einen erheblichen Einfluss auf spätere liberale Denkrichtungen.

Voltaire und die Kritik an der Vorherbestimmung

Voltaire, ein wichtiger Vertreter der Aufklärung in Frankreich, setzte sich vehement gegen fatalistische Vorstellungen ein. Er kritisierte die Idee einer vorherbestimmten Weltordnung und betonte die Fähigkeit des Menschen, durch rationale Überlegungen und Bildung seine Umstände zu verbessern. Voltaire trug somit zur Betonung der Selbstbestimmung und Freiheit des Individuums bei.

Jean-Jacques Rousseau und das Gemeinwohl

Rousseau fokussierte in seinem Werk ›Gesellschaftsvertrag‹ auf das Konzept des Gemeinwohls. Er argumentierte, dass der Mensch in der Gesellschaft durch den sozialen Vertrag seine individuelle Freiheit bewahren könne. Rousseaus Ideen beeinflussten die Entstehung demokratischer Ideale und die Vorstellung, dass der freie Wille durch gemeinsame politische Entscheidungen geschützt werde.

Immanuel Kant und die moralische Autonomie

Immanuel Kant prägte die Idee der moralischen Autonomie des Willens. In seiner ›Kritik der praktischen Vernunft‹ betonte er, dass moralische Gesetze nicht von äußeren Instanzen auferlegt werden, sondern sich aus der Vernunft des Einzelnen ableiten. Kants Konzept der kategorischen Imperative legte den Grundstein für die Vorstellung eines intrinsisch motivierten, frei handelnden Subjekts.

Die Beiträge dieser Denker während der frühen Neuzeit hatten tiefgreifende Auswirkungen auf die Philosophie, die Gesellschaft und die Politik. Ihr Streben nach individueller Freiheit, Selbstbestimmung und moralischer Autonomie legte den Grundstein für die Entfaltung moderner demokratischer Prinzipien und das Verständnis des freien Willens in der westlichen Welt.

Determinismus vs. Indeterminismus: Die Moderne beginnt

Folgend wird die aufregende Periode der Moderne zwischen dem späten 19. und dem 20. Jahrhundert untersucht, in der die Debatte über den freien Willen von intensiven Kontroversen zwischen deterministischen und indeterministischen Positionen geprägt war.

Wissenschaftliche Entdeckungen spielten eine entscheidende Rolle in dieser Debatte und beeinflussten maßgeblich das Verständnis des menschlichen Willens.

Determinismus und die Newtonsche Physik

Die Einführung der Newtonschen Physik im 17. Jahrhundert legte den Grundstein für deterministische Denkweisen. Newtons Gesetze der Bewegung schienen das Universum als eine präzise funktionierende Maschine zu beschreiben, in der jede Handlung auf vorherige Ursachen zurückzuführen war. Dies beeinflusste die Vorstellung, dass der menschliche Wille ebenso den Gesetzen der Kausalität unterworfen sei.

Laplace'scher Dämon und die Illusion der Vorhersagbarkeit

Der französische Mathematiker Pierre-Simon Laplace prägte die Vorstellung des deterministischen Universums weiter, indem er den sogenannten ›Laplace'schen Dämon‹ einführte. Dieses hypothetische Wesen sollte, wenn es alle gegenwärtigen Bedingungen und Naturgesetze kennt, jede zukünftige Handlung vorhersagen können. Diese Idee stärkte die Überzeugung, dass das Universum und damit auch der menschliche Wille durch Determinismus geprägt seien.

Quantenmechanik und der Einfluss von Indeterminismus

Die Entdeckungen in der Quantenmechanik im 20. Jahrhundert revolutionierten das physikalische Weltbild und warfen Fragen nach der Natur der Realität und des freien Willens auf. Physiker wie Werner Heisenberg postulierten das Unschärfeprinzip, das besagt, dass bestimmte Paare von Eigenschaften eines Teilchens nicht gleichzeitig genau bestimmt werden können. Diese Unsicherheit auf subatomarer Ebene führte zu einer indeterministischen Perspektive und öffnete Raum für das Konzept einer nicht vollständig vorherbestimmten Welt.

Chaosforschung und komplexe Systeme

Die Chaosforschung und die Untersuchung komplexer Systeme trugen ebenfalls zur Herausforderung des Determinismus bei. Selbst bei deterministischen Systemen kann eine minimale Änderung in den Anfangsbedingungen zu stark unterschiedlichen Ergebnissen führen. Dies betonte die Begrenzungen der Vorhersagbarkeit und verstärkte die indeterministischen Strömungen in der Debatte.

Neurobiologie und die Suche nach der Quelle des Willens

Die Fortschritte in der Neurobiologie warfen die Frage auf, ob der menschliche Wille durch neurobiologische Prozesse determiniert ist. Die Entdeckung von neuronaler Plastizität und die Erforschung des Gehirns legten nahe, dass psychische Prozesse eng mit physischen Vorgängen verbunden sind. Dies führte zu Diskussionen über die Grenzen der Autonomie des menschlichen Willens.

Die Moderne war geprägt von intensiven Kontroversen zwischen deterministischen und indeterministischen Positionen, wobei wissenschaftliche Entdeckungen die Debatte weiter vorantrieben. Die Erkenntnisse aus der Quantenmechanik, der Chaosforschung und der Neurobiologie trugen dazu bei, das Verständnis des freien Willens zu nuancieren und neue Perspektiven auf die komplexe Beziehung zwischen Determinismus und Indeterminismus zu eröffnen.

Neurowissenschaften und der Wille

Im folgenden Kapitel werden die tiefgreifenden Fortschritte in den Neurowissenschaften beleuchtet und ihre Auswirkungen auf das Verständnis der Rolle des Gehirns bei Entscheidungen analysiert.

Dieser Abschnitt bietet einen Einblick in die faszinierenden Entwicklungen, die die Debatte über den freien Willen in der modernen Ära prägen.

Neuronale Grundlagen der Entscheidungsfindung

Die Neurowissenschaften haben durch bildgebende Verfahren wie die funktionelle Magnetresonanztomographie (fMRI) und Elektroenzephalographie (EEG) tiefe Einblicke in die neuronalen Grundlagen der Entscheidungsfindung ermöglicht. Untersuchungen haben gezeigt, dass bestimmte Gehirnregionen, wie der präfrontale Kortex, bei der Abwägung von Optionen und der Entscheidungsfindung eine Schlüsselrolle spielen. Dies wirft die Frage auf, inwieweit unsere Entscheidungen durch neuronale Prozesse vorbestimmt sind.

Libet-Experiment und die Illusion des freien Willens

Das berühmte Libet-Experiment stellte die Vorstellung eines völlig freien Willens in Frage. Es zeigte, dass neuronale Aktivitäten, die mit einer Handlung in Verbindung stehen, bereits vor dem bewussten Entschluss zur Handlung auftreten. Dies führte zu kontroversen Diskussionen darüber, ob der freie Wille möglicherweise eine Illusion ist und unsere Entscheidungen bereits auf einer unbewussten Ebene determiniert sind.

Neuronale Plastizität und Anpassungsfähigkeit

Die Erkenntnisse zur neuronalen Plastizität betonen die Anpassungsfähigkeit des Gehirns. Dies wirft die Frage auf, inwieweit unsere Entscheidungsfreiheit durch Umwelt- und Lebensumstände, aber auch durch gezielte Veränderungen in der neuronalen Struktur beeinflusst werden kann. Die Fähigkeit des Gehirns zur Anpassung hat Implikationen für die Diskussion über die Freiheit des Willens und die Möglichkeit der Selbstbeeinflussung.

Neurotransmitter und emotionale Entscheidungen

Neurotransmitter wie Dopamin und Serotonin spielen eine entscheidende Rolle bei emotionalen Entscheidungen. Die Neurowissenschaften haben gezeigt, wie Ungleichgewichte in diesen chemischen Signalen psychische Erkrankungen beeinflussen können, was wiederum Auswirkungen auf die Fähigkeit zur Selbstbestimmung und freien Entscheidungsfindung hat.

Ethik und die Verantwortlichkeit des Handelns

Die Erkenntnisse aus den Neurowissenschaften haben auch ethische Fragen aufgeworfen, insbesondere im Kontext der Verantwortlichkeit für das eigene Handeln. Wenn Entscheidungen auf neurobiologischen Prozessen beruhen, inwieweit können Individuen für ihre Handlungen verantwortlich gemacht werden? Diese Fragestellung ist von großer Bedeutung für rechtliche und gesellschaftliche Überlegungen.

Die Entwicklungen in den Neurowissenschaften haben das Verständnis der Rolle des Gehirns bei Entscheidungen erheblich erweitert. Die Erkenntnisse werfen jedoch auch komplexe Fragen auf, insbesondere hinsichtlich der Autonomie des menschlichen Willens und der Verantwortlichkeit für Handlungen. Dieses Kapitel lädt dazu ein, die neuesten Erkenntnisse auf diesem faszinierenden Gebiet zu erkunden und ihre Auswirkungen auf das Konzept des freien Willens zu reflektieren.

Existentialismus:
Freiheit in der Absurdität

In diesem Abschnitt steht die existenzialistische Philosophie im Zentrum, die eine einzigartige Perspektive auf den freien Willen bietet.

Besonders wird auf die Gedanken von Jean-Paul Sartre und Albert Camus eingegangen, die innerhalb des Existentialismus herausragende Beiträge zu dieser Thematik geleistet haben.

Existenzialismus als philosophischer Hintergrund

Der Existentialismus, als philosophische Strömung des 20. Jahrhunderts, betonte die individuelle Existenz und die subjektive Verantwortung des Einzelnen. Im Kontext des freien Willens befasst sich der Existentialismus mit der Frage nach der Möglichkeit der Freiheit in einer scheinbar absurden und bedeutungslosen Welt.

Jean-Paul Sartre: Existenz geht der Essenz voraus

Sartre prägte den Existentialismus mit seinem berühmten Axiom ›Die Existenz geht der Essenz voraus‹. Er argumentierte, dass der Mensch zuerst existiert und dann selbst Sinn und Bedeutung in seine Existenz projiziert. Sartre betonte die absolute Freiheit des Menschen, die mit großer Verantwortung einhergeht. Der freie Wille manifestiert sich für Sartre in der Fähigkeit des Individuums, sich in jeder Situation zu entscheiden, unabhängig von äußeren Umständen.

Die Qual der Freiheit: Sartres ›Die schlechte Freiheit‹

Sartre beschrieb die Freiheit auch als eine ›schlechte Freiheit‹, da sie mit der Last der Verantwortung und der Möglichkeit, falsche Entscheidungen zu treffen, einhergeht. Diese existenzielle Angst vor der eigenen Freiheit und die Notwendigkeit, Verantwortung für das eigene Handeln zu übernehmen, sind zentrale Themen in Sartres existenzialistischer Philosophie.

Albert Camus: Die Absurdität des Lebens

Camus, obwohl nicht direkt als Existentialist betrachtet, teilte einige Schlüsselideen mit Sartre. Er konzentrierte sich auf die Absurdität des menschlichen Lebens, die aus dem Widerspruch zwischen dem Verlangen nach Sinn und der scheinbaren Sinnlosigkeit der Welt resultiert. Im Kontext des freien Willens betonte Camus, dass die Freiheit des Individuums in der Akzeptanz der Absurdität liegt, ohne den Glauben an objektive Sinnhaftigkeit aufzugeben.

Die Revolte gegen die Absurdität: Sartre und Camus im Dialog

Sartre und Camus hatten ihre Differenzen, insbesondere in Bezug auf politische Fragen. Dennoch teilten sie die Vorstellung, dass die Freiheit in der Revolte gegen die Absurdität des

Lebens liegt. Sartre betonte die aktive Gestaltung der eigenen Existenz durch politisches Engagement, während Camus auf die persönliche Revolte gegen das Absurde und die Bewahrung der individuellen Integrität fokussierte.

Auswirkungen auf das Verständnis des freien Willens

Die existenzialistische Perspektive auf den freien Willen hat einen bedeutenden Einfluss auf das Verständnis der menschlichen Autonomie. Sie betont die individuelle Verantwortung, die Angst vor der eigenen Freiheit und die Notwendigkeit, trotz der Absurdität des Lebens einen Sinn zu suchen und zu schaffen.

Dieses Kapitel bietet einen Einblick in die existenzialistische Betrachtung des freien Willens, insbesondere durch die Arbeiten von Sartre und Camus. Es erkundet die Herausforderungen und Möglichkeiten, die in der Freiheit inmitten der Absurdität der Existenz liegen, und trägt zu einem facettenreichen Verständnis der menschlichen Autonomie bei.

Psychologie und Entscheidungsfindung

Folgend befassen wir uns mit den vielfältigen psychologischen Aspekten, die die menschliche Entscheidungsfindung beeinflussen.

Insbesondere werden der Einfluss von Emotionen und Motivation auf den Willen beleuchtet, um ein tieferes Verständnis für die psychologischen Dynamiken hinter unseren Handlungen zu gewinnen.

Emotionen als Wegweiser der Entscheidungsfindung

Emotionen spielen eine entscheidende Rolle bei der Entscheidungsfindung. Die Psychologie hat gezeigt, dass Gefühle wie Freude, Angst oder Wut nicht nur den Entscheidungsprozess beeinflussen, sondern auch als wichtige Signale fungieren. Emotionale Zustände können die Wahrnehmung von Optionen verändern und somit den Verlauf der Entscheidungsfindung maßgeblich lenken.

Der Einfluss von Motivation auf den Willen

Motivation ist ein zentraler psychologischer Faktor, der den Willen antreibt. Die Theorie der Selbstbestimmung von Deci und Ryan betont, dass intrinsische Motivation, die aus persönlichem Interesse und Bedürfnissen erwächst, zu einem stärkeren und nachhaltigeren Willen führt. Externe Anreize können zwar kurzfristige Handlungen auslösen, langfristig ist jedoch eine intrinsische Motivation entscheidend für einen freien und selbstbestimmten Willen.

Kognitive Verzerrungen und Entscheidungsfehler

Die Psychologie hat zahlreiche kognitive Verzerrungen und Entscheidungsfehler identifiziert, die den scheinbar freien Willen beeinträchtigen können. Beispiele hierfür sind der Bestätigungsfehler, bei dem Informationen so interpretiert werden, dass sie die bestehenden Überzeugungen bestätigen, oder der Verfügbarkeitsheuristik, bei dem Entscheidungen aufgrund leicht verfügbarer Informationen getroffen werden.

Das Zusammenspiel von Emotionen und Rationalität

Die Trennung von Emotionen und Rationalität ist in der psychologischen Forschung längst überholt. Daniel Kahneman*, Pionier auf dem Gebiet der Verhaltensökonomie, hebt hervor, dass der Entscheidungsprozess durch das Zusammenspiel von schnellem, intuitivem Denken (System 1) und langsamerem, reflektierendem Denken (System 2) geprägt ist. Emotionen beeinflussen beide Systeme und formen somit den Gesamtprozess der Entscheidungsfindung.

---

* = **Zwei Systeme**

Im ersten Teil des Buches beschreibt Kahneman die zwei verschiedenen Weisen, in denen das Gehirn denkt:

System 1: Schnell, automatisch, immer aktiv, emotional, stereotypisierend, unbewusst

System 2: Langsam, anstrengend, selten aktiv, logisch, berechnend, bewusst

Kahneman beschreibt eine Reihe von Experimenten, die die Unterschiede zwischen beiden Gedankenprozessen herausstellen, und er zeigt, wie beide Systeme oft zu verschiedenen Schlüssen kommen.

Das System 1 sei dabei rasch ›faul‹, ›ausgelastet und erschöpft‹. Der Autor beschreibt das Phänomen der ›Bahnung‹ (engl. Priming) von bestimmten Ansichten durch bestimmte Reizworte. Er zeigt auf, wie ›kognitive Leichtigkeit‹ bestimmte unrealistische Denkweisen fördert. Zudem legt er dar, wie das Gehirn zu voreiligen Schlussfolgerungen aufgrund unvollständiger oder falscher Informationen kommt (Halo-Effekt; ›What you see is all there is‹ – WYSIATI).

Im Unterkapitel zu Urteilsbildung wird untersucht, wie schwer es für das Gehirn ist, statistisch aufgrund von Mengen zu denken.

In einem Unterkapitel zu Heuristiken (Faustregeln) zeigt Kahneman, wie Menschen schwierig zu beantwortende Fragen durch leichtere ersetzen.

→ https://de.wikipedia.org/wiki/Schnelles_Denken,_langsames_Denken

Sozialpsychologische Einflüsse und Gruppendynamik

Entscheidungen werden nicht isoliert getroffen, sondern stehen oft im Kontext sozialer Interaktionen. Sozialpsychologische Einflüsse, wie der soziale Vergleich oder der Gruppenzwang, können den individuellen Willen beeinflussen. Die Dynamiken von Gruppen können sowohl unterstützend als auch hemmend auf die Autonomie des Willens wirken.

Der Weg zu selbstbestimmten Entscheidungen

Psychologische Forschung hat gezeigt, dass bewusstes Reflektieren und eine erhöhte Selbstkenntnis den Weg zu selbstbestimmten Entscheidungen ebnen können. Achtsamkeit und die Fähigkeit, die eigenen Emotionen und Motivationen zu verstehen, spielen eine zentrale Rolle bei der Entwicklung eines stärkeren und freieren Willens.

Dieses Kapitel bietet einen Einblick in die komplexen psychologischen Prozesse, die den menschlichen Willen formen. Die Interaktion von Emotionen, Motivation und sozialen Einflüssen wirft Fragen auf und trägt dazu bei, das Verständnis des freien Willens im Kontext der Psychologie zu vertiefen.

Kontroverse Theorien - Kompatibilismus und Inkompatibilismus

Die Vereinbarkeit von Freiheit und Determinismus ist ein zentrales Thema in der Philosophie und eine Quelle intensiver Diskussionen.

Hier sind einige Argumente sowohl für als auch gegen verschiedene Standpunkte in dieser Debatte:

Argumente für die Vereinbarkeit von Freiheit und Determinismus

Kompatibilismus

Kausale Determination ermöglicht Freiheit: Ein kompatibilistischer Standpunkt behauptet, dass Freiheit und Determinismus durchaus miteinander vereinbar sind. Einige argumentieren, dass die Bestimmtheit von Ursachen und Wirkungen notwendig ist, um eine kohärente Vorstellung von Handlungsfreiheit zu haben.

Soft Determinismus

Grad der Freiheit innerhalb deterministischer Grenzen: Einige Philosophen vertreten die Ansicht, dass der Grad der Freiheit, den wir erleben, innerhalb der Grenzen des Determinismus existieren kann. Menschen können innerhalb ihrer gegebenen Umstände bestimmte Entscheidungen treffen und sich dennoch als frei erleben.

Argumente gegen die Vereinbarkeit von Freiheit und Determinismus

Harter Inkompatibilismus

Freiheit und Determinismus sind grundsätzlich unvereinbar: Einige argumentieren, dass Freiheit und Determinismus grundsätzlich nicht miteinander vereinbar sind. Wenn jede Handlung durch vorherige Ereignisse vorbestimmt ist, gibt es keinen Raum für echte Wahlfreiheit.

Determinismus und moralische Verantwortung

Determinismus untergräbt moralische Verantwortung

Ein oft vorgebrachtes Argument gegen die Vereinbarkeit bezieht sich auf die Idee, dass, wenn alles vorherbestimmt ist, die Idee der moralischen Verantwortung verloren geht. Ohne die Möglichkeit, anders gehandelt zu haben, scheint es sinnlos, jemanden für sein Handeln zu verurteilen oder zu loben.

Radikaler Existentialismus:

Absolute Freiheit erfordert radikalen Indeterminismus

Einige Existentialisten, wie Jean-Paul Sartre, argumentieren für einen radikalen Indeterminismus, um absolute Freiheit zu gewährleisten. Sie behaupten, dass die Idee der völligen Selbstbestimmung nur durch die Ablehnung jeglicher Form von Determinismus möglich ist.

Gemischte Standpunkte und gemäßigter Determinismus

Libertarismus

Freiheit und begrenzter Determinismus: Der Libertarismus schlägt vor, dass eine Form der Wahlfreiheit mit begrenztem Determinismus vereinbar ist. Einige zufällige oder nicht vorherbestimmte Elemente in den Entscheidungen könnten die notwendige Voraussetzung für echte Freiheit sein. Pragmatischer Ansatz:

Freiheit im Rahmen praktischer Möglichkeiten

Ein pragmatischer Ansatz könnte argumentieren, dass, auch wenn Determinismus in gewissem Maße besteht, Menschen dennoch eine sinnvolle Form der Freiheit erleben können. Die Betonung könnte darauf liegen, wie Freiheit innerhalb der praktischen Grenzen des Lebens erlebt wird.

Diese Diskussionen spiegeln die tiefgreifenden und oft nuancierten Positionen wider, die in der Philosophie bezüglich der Vereinbarkeit von Freiheit und Determinismus vertreten werden. Die Debatte bleibt komplex und beeinflusst verschiedene Bereiche, von der Ethik bis zur Neurowissenschaft.

Ethik des Willens - Verantwortung und Moral

In diesem Kapitel wird die komplexe Beziehung zwischen dem freien Willen und moralischer Verantwortung im Kontext verschiedener philosophischer Traditionen untersucht.

Dieser Abschnitt widmet sich den ethischen Überlegungen, die die Verantwortung des individuellen Willens prägen.

Determinismus und moralische Verantwortung

Herausforderungen durch deterministische Weltbilder

In philosophischen Traditionen, die einen starken Determinismus vertreten, wird oft die Frage aufgeworfen, ob moralische Verantwortung überhaupt möglich ist. Wenn alle Handlungen vorherbestimmt sind, scheint die Idee der persönlichen Verantwortung infrage gestellt.

Kompatibilismus und moralischer Verdienst

Vereinbarkeit von Determinismus und Verantwortung

Kompatibilisten argumentieren, dass moralische Verantwortung durchaus mit Determinismus vereinbar ist. Der Fokus liegt auf der Idee, dass Menschen trotz vorheriger Ursachen für ihre Handlungen als frei und moralisch verantwortlich betrachtet werden können.

Existentialismus und individuelle Authentizität

Sartre'sche Freiheit und Selbstverantwortung

Existentialistische Denker wie Jean-Paul Sartre betonen die absolute Freiheit des Individuums und die daraus resultierende Verantwortung. Die Idee der ›radikalen Freiheit‹ bringt mit sich, dass jeder Mensch für alle Aspekte seines Lebens verantwortlich ist, einschließlich seiner moralischen Entscheidungen.

Deontologie und kategorischer Imperativ

Kantianische Ethik und moralische Pflicht

Im Rahmen der kantianischen Ethik wird betont, dass die Freiheit des Willens durch die Einhaltung moralischer Pflichten definiert wird. Der kategorische Imperativ verlangt, dass Menschen aus der Vernunft heraus moralisch handeln, was eine bewusste Entscheidung und somit einen freien Willen erfordert.

Utilitarismus und Konsequenzenethik

Folgen des Handelns und moralische Bewertung

Der Utilitarismus misst der Maximierung des Gesamtnutzens große Bedeutung bei. Hierbei steht die Überlegung im Vordergrund, dass Handlungen moralisch verantwortlich sind, wenn sie zu positiven Konsequenzen führen. Die Frage nach dem freien Willen ist hier eng mit der Absicht und den erwarteten Folgen verknüpft.

Tugendethik und Charakterbildung

Tugenden als Ausdruck des freien Willens

In der Tugendethik liegt der Schwerpunkt auf der Entwicklung eines tugendhaften Charakters. Hier wird argumentiert, dass der freie Wille in der bewussten Wahl tugendhaften Handelns besteht, wodurch die moralische Verantwortung durch den Charakter und nicht nur durch die Handlungen selbst definiert wird.

Religiöse Perspektiven auf moralische Verantwortung

Göttliche Ordnung und moralisches Handeln

In vielen religiösen Traditionen wird moralische Verantwortung mit göttlichen Geboten in Verbindung gebracht. Die Frage nach dem freien Willen wird hier oft durch die Vorstellung einer göttlichen Ordnung und der menschlichen Fähigkeit zur Wahl zwischen Gut und Böse beleuchtet.

Dieses Kapitel lädt dazu ein, die ethischen Dimensionen des freien Willens zu erkunden und zu verstehen, wie verschiedene philosophische Traditionen die Beziehung zwischen freiem Willen und moralischer Verantwortung interpretieren. Es zeigt die Vielfalt der Ansichten über die ethischen Implikationen des freien Willens und regt dazu an, darüber nachzudenken, wie unterschiedliche philosophische Perspektiven die Moral prägen können.

Technologischer Fortschritt und der Wille

Im folgenden Abschnitt wird der Einfluss von Technologien, insbesondere künstlicher Intelligenz (KI), auf das Verständnis des menschlichen Willens und die ethischen Fragestellungen in diesem Kontext eingehend betrachtet.

Automatisierung und Determinismus

Technologischer Determinismus

Die fortschreitende Automatisierung und Entwicklung von KI-Systemen werfen Fragen nach dem Grad der Autonomie und Determinismus auf. Kann der menschliche Wille in einer Welt, in der viele Entscheidungen von Algorithmen getroffen werden, weiterhin als frei betrachtet werden?

Algorithmische Entscheidungen und Verantwortlichkeit

Ethik algorithmischer Entscheidungen

Mit KI-Systemen, die komplexe Entscheidungen treffen können, stellt sich die Frage nach der ethischen Verantwortlichkeit für diese Entscheidungen. Wer trägt die Verantwortung, wenn Algorithmen fehlerhafte oder unethische Entscheidungen treffen, und wie beeinflusst dies das Verständnis des menschlichen Willens?

Transparenz und Kontrolle über KI-Entscheidungen

Herausforderungen bei der Kontrolle

Die Black-Box-Natur einiger KI-Systeme erschwert oft die Nachverfolgung und Kontrolle von Entscheidungen. Die Frage nach der Transparenz und der Fähigkeit, Entscheidungsprozesse zu verstehen, wird zu einem zentralen ethischen Anliegen, da dies die Freiheit des Willens und die Möglichkeit der Mitbestimmung beeinflusst.

Technologische Determinierung vs. individuelle Autonomie

Balance zwischen Technologie und persönlicher Freiheit

Wie Technologien in das tägliche Leben integriert werden, wirft Fragen nach der Balance zwischen technologischer Determinierung und individueller Autonomie auf. Inwiefern beeinflussen Technologien den freien Willen, und wie können sie so gestaltet werden, dass sie die individuelle Freiheit fördern?

Enhancement-Technologien und Selbstbestimmung

Technologisches Enhancement und freier Wille

Die Möglichkeit von Enhancement-Technologien, die die kognitiven und physischen Fähigkeiten des Menschen erweitern, wirft Fragen nach der Selbstbestimmung auf. Inwiefern beeinflussen diese Technologien das Verständnis der eigenen Entscheidungsfähigkeit?

Ethik der künstlichen Intelligenz

Verantwortung in der Entwicklung von KI

Die Entwicklung ethischer Richtlinien und Standards für die Gestaltung von KI-Systemen wird zu einem essenziellen Aspekt. Wie können wir sicherstellen, dass KI-Systeme im Einklang mit ethischen Prinzipien agieren und dabei die menschliche Autonomie respektieren?

Gesellschaftliche Implikationen und soziale Kontexte

Kulturelle Vielfalt und ethische Normen

Die Einführung von KI-Technologien muss den sozialen und kulturellen Kontext berücksichtigen. Wie können unterschiedliche ethische Normen und Werte in der Entwicklung von KI-Systemen integriert werden, um eine breite Akzeptanz und Anerkennung der individuellen Freiheit zu gewährleisten?

Dieses Kapitel regt dazu an, den Einfluss von technologischem Fortschritt, insbesondere im Bereich der künstlichen Intelligenz, auf das Verständnis des menschlichen Willens zu reflektieren. Es betrachtet die Herausforderungen und Chancen, die sich aus dieser Entwicklung ergeben, und betont die zentrale Rolle ethischer Überlegungen bei der Gestaltung einer Zukunft, in der Technologien und der menschliche Wille in Einklang stehen können.

Der freie Wille in Literatur und Kunst

In diesem Kapitel wird die kulturelle Repräsentation des freien Willens in verschiedenen Medien, insbesondere Literatur und Kunst, umfassend betrachtet.

Dieses Kapitel erkundet, wie künstlerische Darstellungen den Diskurs über den freien Willen beeinflussen und das öffentliche Bewusstsein prägen.

Literarische Darstellungen des freien Willens

Vom Fatalismus zur Autonomie

Literatur spiegelt oft die evolutionäre Entwicklung der Vorstellungen vom freien Willen wider. Frühere Werke könnten von fatalistischen Perspektiven geprägt sein, während modernere Literatur die Autonomie des Individuums betont. Beispiele von Schriftstellern wie Shakespeare, Goethe oder Dostojewski bieten Einblicke in unterschiedliche Auffassungen des freien Willens.

Symbolismus in der bildenden Kunst

Künstlerische Interpretationen von Freiheit

Die bildende Kunst, insbesondere der Symbolismus, bietet eine Plattform für abstrakte Darstellungen des freien Willens.

Werke von Künstlern wie William Blake oder Odilon Redon könnten metaphorische Symbole verwenden, um die Komplexität des menschlichen Willens zu veranschaulichen.

Expressionismus und innere Konflikte

Zerrissene Psyche und moralische Dilemmata

Der Expressionismus in Literatur und Kunst bringt oft innere Konflikte und moralische Dilemmata hervor. Künstler wie Franz Kafka oder Edvard Munch könnten den freien Willen als Kampf zwischen verschiedenen inneren Kräften darstellen, wodurch eine zerrissene Psyche entsteht.

Dystopische Literatur und technologischer Determinismus

Technologie als Schicksalsmacht

Dystopische Werke, besonders in der Science-Fiction, erforschen oft den Einfluss von Technologien auf den freien Willen. Autoren wie George Orwell oder Aldous Huxley könnten eine Zukunft skizzieren, in der technologischer Determinismus die individuelle Entscheidungsfreiheit bedroht.

Existentialismus in der Literatur

Individuelle Freiheit und Verantwortung

Werke von existentialistischen Autoren wie Jean-Paul Sartre oder Albert Camus betonen oft die individuelle Freiheit und die damit verbundene Verantwortung. Diese literarischen Werke könnten den freien Willen als zentralen Aspekt der menschlichen Existenz hervorheben.

Porträts der Selbstbestimmung in der Malerei

Selbstporträts und künstlerische Autonomie

Selbstporträts von Künstlern können als künstlerische Ausdrucksformen der Selbstbestimmung betrachtet werden. Künstler wie Frida Kahlo oder Vincent van Gogh könnten durch ihre Werke eine Form des freien Willens repräsentieren, die durch persönliche Erfahrungen und Leidenschaften geprägt ist.

Einfluss auf das öffentliche Bewusstsein

Kulturelle Narrative und gesellschaftliche Werte

Die Art und Weise, wie der freie Wille in Literatur und Kunst dargestellt wird, beeinflusst die kulturellen Narrative und gesellschaftlichen Werte. Diese künstlerischen Darstellungen können das öffentliche Bewusstsein prägen und zur Bildung verschiedener Ansichten über den freien Willen beitragen.

Dieses Kapitel lädt dazu ein, wie verschiedene kulturelle Medien den freien Willen repräsentieren und wie diese Darstellungen das Verständnis in der Gesellschaft formen können. Es vermittelt einen Einblick in die kreative Reflexion über den freien Willen und zeigt, wie Literatur und Kunst einen bedeutenden Einfluss auf die kollektive Vorstellungskraft haben können.

Neue Perspektiven:
Ost- und Westphilosophie

Im Folgenden wird eine vergleichende Betrachtung der Konzepte des Willens aus östlicher und westlicher philosophischer Tradition vorgenommen.

Dieses Kapitel erforscht die Vielfalt der Denkweisen, identifiziert Gemeinsamkeiten und diskutiert mögliche Synthesen sowie die gegenseitige Beeinflussung dieser philosophischen Traditionen.

Westliche Philosophie

Individualität und Autonomie

Betonte Individualität

Die westliche Philosophie, von der Antike bis zur Moderne, betont oft die Individualität und die Autonomie des menschlichen Willens. Philosophen wie Aristoteles, Thomas von Aquin und Immanuel Kant haben den freien Willen als Quelle persönlicher Verantwortung und moralischer Entscheidungen beschrieben.

Östliche Philosophie

Verbundenheit und innere Harmonie

Betonung der Verbundenheit

Im Gegensatz dazu betont die östliche Philosophie oft die Verbundenheit mit dem Universum und die Suche nach innerer Harmonie. Konzepte wie das Dao in der chinesischen Philosophie oder das Nirvana im Buddhismus betonen die Einbettung des individuellen Willens in einen größeren kosmischen Kontext.

Gemeinsamkeiten in der Suche nach Weisheit

Suche nach höherem Verständnis

Trotz unterschiedlicher Betonungen gibt es Gemeinsamkeiten in der Suche nach Weisheit und Erkenntnis. Sowohl östliche als auch westliche Denker streben nach einem tieferen Verständnis der Natur des menschlichen Willens und seiner Rolle im größeren Kontext des Lebens.

Synthese von östlicher Meditation und westlicher Philosophie

Einfluss der Meditation auf westliche Praktiken

In der modernen Zeit haben östliche Praktiken wie Meditation Einzug in die westliche Welt gehalten und beeinflussen die

Sichtweise auf den Willen. Die Integration von Achtsamkeits-
techniken in den westlichen Lebensstil zeigt, wie östliche Ansätze neue Wege zur Betrachtung des Willens eröffnen können.

Dialog zwischen östlichen und westlichen Denktraditionen

Interkultureller Austausch

Der Dialog zwischen östlichen und westlichen Denktraditio-
nen hat zu einem fruchtbaren Austausch von Ideen geführt.
Philosophen und Denker aus beiden Traditionen haben be-
gonnen, voneinander zu lernen und ihre Perspektiven zu bereichern.

Postmoderne Synthesen

Postmoderne Reflexionen

In der postmodernen Ära haben einige Denker versucht, Synthesen zwischen östlichen und westlichen Konzepten des Willens zu schaffen. Die Anerkennung von Vielfalt und die Of-
fenheit für unterschiedliche Perspektiven prägen eine zeitge-
nössische Betrachtung des menschlichen Willens.

Gegenseitige Beeinflussung im globalen Kontext

Globalisierung und kulturelle Interaktion

In einer globalisierten Welt beeinflussen östliche und westliche Ideen einander stärker als je zuvor. Diese gegenseitige Beeinflussung prägt nicht nur die philosophische Landschaft, sondern hat auch Auswirkungen auf kulturelle Praktiken, Spiritualität und den Umgang mit dem eigenen Willen.

Dieses Kapitel lädt dazu ein, die Vielfalt der Denkweisen über den Willen in östlichen und westlichen Philosophietraditionen zu erkunden. Es betont den Wert des interkulturellen Dialogs und zeigt, wie die Synthese von Ideen aus unterschiedlichen Kontexten zu einer reicheren und umfassenderen Sicht auf den menschlichen Willen führen kann.

Quantenphysik und der Zufall

In diesem Kapitel wird die faszinierende Rolle des Zufalls und der Unvorhersehbarkeit in der Quantenphysik untersucht.

Dieses Kapitel geht der Frage nach, wie die Prinzipien der Quantenphysik die Diskussion über den freien Willen beeinflussen und welche Implikationen sich daraus für das Verständnis der menschlichen Entscheidungsfreiheit ergeben.

Grundlagen der Quantenphysik

Unsicherheit und Dualität

Die Quantenphysik beschäftigt sich mit den fundamentalen Eigenschaften von Teilchen auf subatomarer Ebene. Das Unsicherheitsprinzip von Heisenberg betont die inhärente Unvorhersehbarkeit von Ort und Impuls subatomarer Teilchen.

Quantenverschränkung und Nichtlokalität

Wechselwirkungen über große Entfernungen

Quantenverschränkung zeigt, dass Teilchen in einem Zustand der Nichtlokalität miteinander verbunden sein können, unabhängig von der Entfernung. Diese Phänomene werfen Fragen nach der Natur der Realität und der Rolle des Beobachters auf.

Zufall und deterministische Weltbilder

Herausforderung für deterministische Modelle

Die Unvorhersehbarkeit auf quantenphysikalischer Ebene stellt eine Herausforderung für klassische, deterministische Weltbilder dar. Wenn die kleinsten Bausteine der Realität nicht vorhersehbar sind, wirft dies Fragen zur Vorbestimmung und Linearität der Zeit auf.

Quantenphysik und menschlicher Wille

Übertragung auf den menschlichen Entscheidungsprozess

Einige Philosophen und Wissenschaftler haben versucht, Parallelen zwischen quantenphysikalischen Prinzipien und dem menschlichen Willen zu ziehen. Die Idee, dass der menschliche Wille auch in gewisser Weise nicht vorhersehbar ist, wird diskutiert und wirft Fragen nach der Natur der Entscheidungsfreiheit auf.

Einfluss auf die Debatte um den freien Willen

Determinismus vs. Indeterminismus

Die Entdeckungen der Quantenphysik tragen zur anhaltenden Debatte zwischen Deterministen und Indeterministen bei. Wenn auf subatomarer Ebene Zufall herrscht, könnte dies Auswirkungen auf das Verständnis der menschlichen Entscheidungsfreiheit haben.

Quantenphysik und Bewusstsein

Die Rolle des Beobachters

Die Quantenphysik betont die Rolle des Beobachters im Messprozess. Einige Theorien argumentieren, dass das Bewusstsein eine grundlegende Rolle bei der Manifestation von Realität spielt, was Fragen zur Wechselwirkung von Bewusstsein und freiem Willen aufwirft.

Ethik und Verantwortung

Implikationen für moralische Verantwortung

Die Idee, dass Entscheidungen auf subatomarer Ebene von Zufall geprägt sind, könnte die Frage nach moralischer Verantwortung und Schuld aufwerfen. Wie gehen Gesellschaften und Ethiker mit dieser neuen Dimension der Unvorhersehbarkeit um?

Dieses Kapitel zielt darauf ab, die faszinierenden Entdeckungen in der Quantenphysik zu erforschen und ihre potenziellen Auswirkungen auf die Debatte um den freien Willen zu beleuchten. Es regt dazu an, über traditionelle Denkmuster hinauszudenken und die Verbindungen zwischen den fundamentalen Prinzipien der Natur und der menschlichen Entscheidungsfreiheit zu erkunden.

Neuroethik: Grenzen der Manipulation

Dieser Abschnitt will auf die komplexe Debatte über die ethischen Grenzen der Beeinflussung des menschlichen Willens durch neurowissenschaftliche Erkenntnisse und Technologien eingehen.

Dieses Kapitel untersucht die Anwendungen, Herausforderungen und moralischen Überlegungen im Bereich der Neuroethik.

Das Kapitel fordert dazu auf, die ethischen Dimensionen der Beeinflussung des menschlichen Willens durch neurowissenschaftliche Erkenntnisse und Technologien kritisch zu reflektieren.

Es unterstreicht die Wichtigkeit der Festlegung klarer ethischer Richtlinien, um die Potenziale und Risiken dieser Entwicklungen zu steuern und die Autonomie und Freiheit des Individuums zu schützen.

Neurowissenschaftliche Erkenntnisse und Technologien

Erkenntnisse über das Gehirn

Fortschritte in der Neurowissenschaft ermöglichen tiefere Einblicke in die Funktionsweise des Gehirns. Technologien wie

Neuroimaging und Neurostimulation eröffnen neue Möglichkeiten der Beeinflussung.

Pharmakologische Eingriffe und Neuroenhancement

Verbesserung der kognitiven Fähigkeiten

Die Verwendung von Pharmaka zur Verbesserung kognitiver Fähigkeiten und zur Steigerung der Leistungsfähigkeit wirft ethische Fragen auf. Wie weit darf der Einsatz von Medikamenten gehen, um den Willen und die Entscheidungsfähigkeit zu beeinflussen?

Neurostimulation und Gehirn-Computer-Schnittstellen

Direkte Beeinflussung durch Technologien

Neurostimulation und Gehirn-Computer-Schnittstellen eröffnen die Möglichkeit, das Gehirn direkt zu beeinflussen. Die Diskussion über die ethischen Grenzen dieser Technologien betrifft Themen wie Privatsphäre, Freiheit und das Potenzial für Missbrauch.

Autonome Entscheidungen vs. externe Beeinflussung

Respekt vor autonom getroffenen Entscheidungen

Die Debatte um Neuroethik betont den Respekt vor autonom getroffenen Entscheidungen. Es stellt sich die Frage, inwieweit externe Einflüsse in den Prozess der Entscheidungsfindung eingreifen dürfen, ohne die Autonomie zu beeinträchtigen.

Forschung und therapeutischer Einsatz

Grenzen zwischen Forschung und Therapie

Die Unterscheidung zwischen Forschungszwecken und therapeutischem Einsatz in der Neuroethik ist entscheidend. Es muss sichergestellt werden, dass Innovationen ethisch verantwortlich und im besten Interesse des Einzelnen eingesetzt werden.

Kognitive Freiheit und Selbstbestimmung

Erhaltung kognitiver Freiheit

Ein ethisches Prinzip in der Neuroethik ist die Erhaltung der kognitiven Freiheit. Die Diskussion konzentriert sich darauf, wie Interventionen durch Neurowissenschaften gestaltet werden können, um Selbstbestimmung zu wahren und nicht zu untergraben.

Gesellschaftliche Auswirkungen und Normen

Formung gesellschaftlicher Normen

Die Einführung neurowissenschaftlicher Technologien hat Auswirkungen auf gesellschaftliche Normen und Werte. Die Diskussion über ethische Grenzen betrifft die Schaffung von

Richtlinien und Normen, um Missbrauch und ungewollte Konsequenzen zu verhindern.

Verantwortung und Rechenschaftspflicht

Verantwortung in der Forschung und Anwendung

Forscher, Entwickler und Anwender von neurowissenschaftlichen Technologien tragen eine Verantwortung, ethische Standards einzuhalten und sich der potenziellen Auswirkungen ihrer Arbeit bewusst zu sein. Die Rechenschaftspflicht spielt eine Schlüsselrolle in der Gewährleistung ethisch vertretbarer Anwendungen.

Die Zukunft des Willens:

Transhumanismus und Beyond

Das Kapitel wird einen Blick auf transhumanistische Perspektiven werfen und darüber spekulieren, wie der freie Wille in einer potenziell von technologischen

Innovationen und menschlicher Enhancement geprägten Zukunft gestaltet werden könnte. Dieses Kapitel erkundet auch die Visionen von Transhumanisten und wirft Fragen über die möglichen Auswirkungen auf den menschlichen Willen auf.

Dieses Kapitel regt ebenso dazu an, über die möglichen Entwicklungen in der Zukunft des menschlichen Willens nachzudenken, insbesondere vor dem Hintergrund der transhumanistischen Visionen.

Es stellt grundlegende Fragen zur Menschheit und Autonomie in einer Welt, in der technologische Innovationen den Horizont des Möglichen erweitern.

Transhumanismus und die Verbesserung des Menschen

Technologische Enhancement als Schlüssel

Der Transhumanismus strebt danach, die menschliche Natur durch technologische Mittel zu verbessern. Die Idee, den menschlichen Willen durch technologische Erweiterungen zu stärken, wirft Fragen nach den Grenzen und Möglichkeiten der kognitiven Verbesserung auf.

Künstliche Intelligenz und erweiterte Kognition

Verschmelzung von Mensch und Maschine

Die Integration von Künstlicher Intelligenz (KI) in den menschlichen Denkprozess könnte eine Verschmelzung von Mensch und Maschine bedeuten. Dies könnte zu erweiterten kognitiven Fähigkeiten führen, was wiederum den freien Willen in neuen Kontexten herausfordert.

Neue Formen der Entscheidungsfindung

Algorithmen und autonome Entscheidungssysteme

Transhumanistische Zukunftsszenarien könnten eine Ära von autonomen Entscheidungssystemen einleiten, in denen Algorithmen und maschinelles Lernen eine Schlüsselrolle bei der Entscheidungsfindung spielen. Die Frage nach der Autonomie und Verantwortung des Individuums in solchen Systemen wird aufgeworfen.

Bewusstseinstransfer und digitales Selbst

Digitale Repräsentation des Selbst

Spekulationen über die Möglichkeit des Bewusstseinstransfers und die Schaffung eines digitalen Selbst werfen grundlegende Fragen zur Kontinuität des freien Willens auf. Wenn das Selbst digitalisiert wird, bleibt der freie Wille bestehen?

Ethik der künstlichen Intelligenz und autonomen Systemen

Moralische und ethische Aspekte

Die Entwicklung von autonomen Systemen und KI wirft bedeutende ethische Fragen auf. Die Verantwortlichkeit für Entscheidungen, die von Maschinen getroffen werden, und die Notwendigkeit von ethischen Richtlinien für die Entwicklung und den Einsatz solcher Technologien stehen im Mittelpunkt der Diskussion.

Gesellschaftliche Auswirkungen und soziale Gerechtigkeit

Ungleichheiten und Zugang zu Technologie

Transhumanistische Entwicklungen könnten soziale Ungleichheiten verstärken, wenn nicht alle gleichermaßen Zugang zu den neuesten Technologien haben. Die Debatte darüber, wie die Vorteile solcher Entwicklungen gerecht verteilt werden können, gewinnt an Bedeutung.

Menschlichkeit und Identität

Bedeutung von Menschlichkeit und Identität

Die Diskussion über die Zukunft des Willens wirft grundlegende Fragen zur Bedeutung von Menschlichkeit und Identität auf. Wie bleibt der Kern des menschlichen Willens in einer Welt der technologischen Überlagerung intakt?

Regulierung und Governance

Notwendigkeit von Richtlinien und Kontrolle

Mit den potenziellen disruptiven Entwicklungen im Bereich des Transhumanismus wird die Frage nach angemessenen Regulierungen und Governance-Strukturen für diese Technologien drängender. Wie können ethische Standards in einer Welt von erweiterten menschlichen Fähigkeiten aufrechterhalten werden?

Gesellschaftliche Auswirkungen: Recht und Politik

Das Kapitel beleuchtet den bedeutenden Einfluss, den das Konzept des freien Willens auf rechtliche Systeme und politische Strukturen ausübt.

Diese Auswirkungen sind tiefgreifend und reichen von der individuellen Ebene bis hin zu kollektiven Entscheidungsprozessen in einer Gesellschaft.

Der freie Wille wird oft als fundamentales Prinzip betrachtet, das den Menschen ermöglicht, bewusste Entscheidungen zu treffen und Verantwortung für ihr Handeln zu übernehmen. Im Kontext des Rechtsystems manifestiert sich dies in der Vorstellung individueller Schuld und Verantwortung. Das Rechtssystem basiert oft auf der Annahme, dass Menschen in der Lage sind, ihre Handlungen bewusst zu lenken, und dementsprechend werden individuelle Handlungen als Ausdruck des freien Willens betrachtet.

Der Zusammenhang zwischen freiem Willen und Rechtssystemen wird auch in der Frage der Strafjustiz deutlich. Die Annahme, dass Menschen ihre Handlungen willentlich steuern können, beeinflusst die Art und Weise, wie Straftaten beurteilt und bestraft werden. Dabei entstehen komplexe Fragen nach Schuld, Strafe und Rehabilitation.

Auf politischer Ebene wirkt sich die Vorstellung des freien Willens auf demokratische Systeme und politische Entscheidungsprozesse aus. Die Idee, dass Menschen in der Lage sind, ihre eigenen Interessen zu erkennen und politische Entscheidungen bewusst zu treffen, bildet die Grundlage für demokratische Prinzipien. Gleichzeitig kann die Diskussion über den freien Willen politische Debatten beeinflussen, insbesondere wenn es um Themen wie persönliche Freiheiten, Gleichheit und soziale Gerechtigkeit geht.

Die Spannung zwischen individueller Freiheit und kollektiver Gerechtigkeit ist ein zentrales Thema in diesem Kapitel. Die Frage, inwieweit der freie Wille als Grundlage für Recht und Politik dienen sollte, wirft grundlegende Fragen zur Natur der menschlichen Autonomie auf und wirft Licht auf die Herausforderungen, die sich aus diesem philosophischen Konzept ergeben.

Insgesamt verdeutlicht dieses Kapitel die tiefgreifende Verbindung zwischen dem Konzept des freien Willens und den Strukturen, die das Funktionieren unserer Gesellschaft prägen.

Es wirft nicht nur philosophische Fragen auf, sondern hebt auch die praktischen Implikationen hervor, die sich aus dem Glauben an den freien Willen für Rechtssysteme und politische Entscheidungen ergeben.

Kritik und Kontroversen:

Aktuelle Debatten

In diesem Kapitel widmen wir uns den vielfältigen Diskussionen und Meinungsverschiedenheiten, die die Thematik der Willensfreiheit in der gegenwärtigen Debatte prägen.

Dieses Kapitel beleuchtet kritische Perspektiven und Herausforderungen für etablierte Theorien, die den freien Willen als grundlegend für menschliches Handeln betrachten.

Eine bedeutende Debatte in diesem Kontext betrifft die wissenschaftliche Sichtweise auf die Willensfreiheit. Neuere Entwicklungen in der Neurowissenschaft und Psychologie werfen Fragen darüber auf, inwieweit die Annahme eines ›freien Willens‹ mit den Erkenntnissen über neuronale Prozesse und Determinismus in Einklang steht. Befürworter der Neurodeterminismus-Theorie argumentieren, dass Entscheidungen und Handlungen auf neurobiologischen Prozessen basieren und somit die Vorstellung eines ›freien Willens‹ in Frage stellen.

Ein weiterer Schwerpunkt der aktuellen Debatten liegt auf sozialen und kulturellen Einflüssen auf die Entfaltung des individuellen Willens. Kritiker argumentieren, dass gesellschaftliche Strukturen, ökonomische Bedingungen und kulturelle Prägungen die vermeintliche Freiheit individueller Entscheidungen stark beeinflussen. Diese Perspektive betont, dass der Kontext, in dem Entscheidungen getroffen werden, eine entscheidende Rolle spielt und somit die Idee eines ›freien Willens‹ relativiert.

Philosophische Ansätze, die traditionell den freien Willen betonen, geraten ebenfalls in die Kritik. Bestimmte Schulen der Philosophie, wie der Determinismus oder der Kompatibilismus, hinterfragen die Kohärenz und die Schlussfolgerungen, die aus der Annahme eines ›freien Willens‹ gezogen werden. Hierbei wird darauf hingewiesen, dass die Komplexität menschlicher Entscheidungsprozesse möglicherweise nicht vollständig durch die Konzeption eines ›freien Willens‹ abgedeckt wird.

Die ethischen Implikationen des freien Willens sind ein weiterer Brennpunkt der aktuellen Debatten. Diskussionen über Verantwortung, Schuld und Strafe werden durch die Kontroverse um die Willensfreiheit intensiviert. Kritiker argumentieren, dass das Festhalten an einem ›freien Willen‹ zu einer zu simplifizierten Sichtweise ethischer Fragestellungen führen kann und plädieren für differenziertere Ansätze.

Insgesamt zeigt das Kapitel die Breite und Tiefe der Diskussionen im Bereich der Willensfreiheit. Es reflektiert verschiedene Perspektiven und wirft Fragen auf, die nicht nur die philosophische Debatte, sondern auch gesellschaftliche, wissenschaftliche und ethische Aspekte berühren. Der Leser wird dazu ermutigt, sich mit den unterschiedlichen Standpunkten auseinanderzusetzen und eine informierte Position in diesem komplexen Diskurs zu entwickeln.

Zusammenfassung und Ausblick

Im vorletzten Kapitel des Buchs fassen wir die zentralen Erkenntnisse zusammen, die im Verlauf des Buches präsentiert wurden, und werfen einen Blick auf mögliche zukünftige Entwicklungen sowie offene Fragen, die die Diskussion um den freien Willen weiterhin prägen könnten.

Zusammenfassung der wichtigsten Erkenntnisse

Historische Perspektive

Die Entwicklung des Konzepts des freien Willens wurde historisch betrachtet, angefangen bei antiken philosophischen Überlegungen bis hin zu modernen wissenschaftlichen und ethischen Diskursen.

Neurowissenschaftliche Einblicke

Die Einflüsse der Neurowissenschaften auf die Vorstellung des freien Willens wurden beleuchtet. Hierbei wurden sowohl unterstützende als auch kritische Perspektiven aus der Forschung berücksichtigt.

Gesellschaftliche Auswirkungen

Der Einfluss des freien Willens auf rechtliche Systeme und politische Strukturen wurde analysiert. Dies umfasste Fragen der individuellen Verantwortung, Strafjustiz und demokratischer Prinzipien.

Kritik und Kontroversen

Kritische Perspektiven und aktuelle Debatten wurden aufgezeigt, insbesondere im Hinblick auf Herausforderungen aus den Neurowissenschaften, sozialen Einflüssen und philosophischen Überlegungen.

Ein Ausblick auf zukünftige Entwicklungen

Weiterentwicklung der Neurowissenschaften

Es ist zu erwarten, dass Fortschritte in den Neurowissenschaften neue Erkenntnisse über die neuronalen Grundlagen von Entscheidungsprozessen liefern werden. Dies könnte die Debatte um den freien Willen weiter prägen.

Gesellschaftliche Veränderungen

Veränderungen in der Gesellschaft, sei es in Bezug auf Technologie, Kultur oder Werte, könnten neue Fragen zur Willensfreiheit aufwerfen und den Diskurs beeinflussen.

Philosophische Reflexion

Die philosophische Auseinandersetzung mit dem freien Willen wird fortgesetzt werden, da neue Ansätze und Theorien entwickelt werden, um die Komplexität menschlicher Entscheidungsprozesse zu verstehen.

Ethik und Technologie

Mit dem Fortschreiten von Technologien wie künstlicher Intelligenz und Neuroenhancement ergeben sich ethische Fragen bezüglich des freien Willens und der Verantwortung im Umgang mit diesen Entwicklungen.

Offene Fragen

Determinismus und Freiheit

Die Frage, inwieweit Determinismus und Freiheit miteinander vereinbar sind, bleibt eine grundlegende und ungeklärte Thematik.

Kulturelle Vielfalt

Wie verschiedene Kulturen den freien Willen verstehen und wie dies Einfluss auf gesellschaftliche Normen und Rechtsprinzipien hat, bedarf weiterer Untersuchung.

Die Vielfalt kultureller Perspektiven auf den freien Willen ist ein faszinierendes Forschungsfeld, das weiterer Untersuchung bedarf. Verschiedene Kulturen auf der Welt haben unterschiedliche philosophische, religiöse und soziale Kontexte, die ihre Vorstellungen von Willensfreiheit prägen. Die Art und Weise, wie der freie Wille verstanden wird, kann erheblichen Einfluss auf gesellschaftliche Normen und Rechtsprinzipien in diesen Kulturen haben.

Religiöse Einflüsse

In vielen Kulturen spielen religiöse Überzeugungen eine entscheidende Rolle bei der Definition des freien Willens. In monotheistischen Traditionen wie dem Christentum, Islam und Judentum wird oft die Idee eines göttlichen Plans mit menschlicher Entscheidungsfreiheit in Einklang gebracht. Andere religiöse Traditionen wie der Hinduismus oder Buddhismus interpretieren den freien Willen möglicherweise in einem zyklischen Kontext von Wiedergeburt und Karma.

Philosophische Traditionen

Verschiedene philosophische Schulen innerhalb einer Kultur können zu unterschiedlichen Sichtweisen auf den freien Willen führen. Ein Beispiel hierfür ist der Konfuzianismus in der chinesischen Philosophie, der eine starke Betonung auf Moral und persönliche Verantwortung legt. In der indischen Philosophie können verschiedene Schulen wie der Nyaya oder der Mimamsa unterschiedliche Perspektiven zum freien Willen haben.

Soziokulturelle Prägungen

Die soziokulturellen Gegebenheiten einer Gesellschaft beeinflussen ebenfalls die Auffassungen vom freien Willen. Hier spielen Faktoren wie familiäre Strukturen, soziale Hierarchien und kollektive Werthaltungen eine entscheidende Rolle. In einigen Kulturen kann der Fokus auf individueller Autonomie und Selbstbestimmung stärker ausgeprägt sein, während in anderen kollektive Werte und Verpflichtungen betont werden.

Auswirkungen auf gesellschaftliche Normen und Rechtsprinzipien

Die unterschiedlichen Vorstellungen vom freien Willen haben direkte Auswirkungen auf gesellschaftliche Normen und Rechtsprinzipien. In Kulturen, in denen individuelle Verantwortung und persönliche Entscheidungsfreiheit hoch geschätzt werden, können Rechtssysteme auf Prinzipien der Strafjustiz und individuellen Verantwortlichkeit aufbauen. In Gegenden, in denen kollektive Verpflichtungen betont werden, könnten Rechtsprinzipien eher auf Wiedergutmachung und Versöhnung ausgerichtet sein.

Notwendigkeit weiterer Untersuchung
Die Analyse dieser kulturellen Vielfalt erfordert eine tiefgehende interdisziplinäre Herangehensweise, die philosophische, religiöse, anthropologische und soziologische Perspektiven integriert. Es bedarf weiterer empirischer Studien, um die konkreten Auswirkungen dieser kulturellen Vielfalt auf individuelle Entscheidungen, soziale Normen und rechtliche Rahmenbedingungen zu verstehen.

Insgesamt zeigt die Betrachtung verschiedener Kulturen, wie vielschichtig die Vorstellungen vom freien Willen sein können und welchen Einfluss sie auf die Gesellschaft und ihre Strukturen haben. Eine vertiefte Forschung auf diesem Gebiet kann nicht nur unser Verständnis des menschlichen Willens bereichern, sondern auch dazu beitragen, kulturell angemessene Diskussionen über ethische Fragen und Rechtsprinzipien zu fördern.

Technologischer Einfluss

Wie die zunehmende Integration von Technologien den individuellen und gesellschaftlichen Willen beeinflusst und welche ethischen Richtlinien hierbei gelten sollten, sind offene Fragen.

Das Kapitel hinterlässt den Leser mit einer reflektierten Zusammenfassung der zentralen Aspekte der Willensfreiheit und regt dazu an, über die diskutierten Fragen nachzudenken. Der Ausblick auf zukünftige Entwicklungen und die offenen Fragen sollen dazu ermuntern, die Debatte über den freien Willen weiterhin aktiv zu verfolgen und kritisch zu hinterfragen.

Persönliche Reflexion:
Der Weg des Autors und des Lesers

Im letzten Kapitel möchte ich dem Leser einen Einblick in meinen eigenen Forschungs- und Schreibprozess geben sowie meine persönlichen Überlegungen und Einblicke in das beeindruckende Thema des freien Willens teilen.

Dieses Kapitel dient dazu, die Entstehung des Buches und die Entwicklungen meiner eigenen Gedanken während des Schreibens zu beleuchten.

Der Anfang der Reise

Der Weg der Recherche begann mit der Auseinandersetzung mit den Grundlagen der Philosophie und den historischen Entwicklungen des Konzepts des freien Willens. Die tiefgreifenden philosophischen Debatten und die Vielfalt der Standpunkte faszinierten mich von Anfang an. Es war klar, dass die Entstehung und Veränderung der Vorstellung des freien Willens im Laufe der Geschichte von zahlreichen Faktoren beeinflusst wurde.

Der Dialog mit Fachliteratur

Die Auseinandersetzung mit einschlägiger Fachliteratur aus Philosophie, Neurowissenschaften und Ethik eröffnete mir verschiedene Perspektiven. Dabei stieß ich auf faszinierende Diskussionen über Determinismus, Kompatibilismus und die ethischen Implikationen der Annahme eines freien Willens. Die Spannung zwischen wissenschaftlichen Erkenntnissen und philosophischen Überlegungen war ein zentrales Thema meiner Forschung.

Forschung als Denkprozess

Während des Forschungsprozesses wurde mir zunehmend bewusst, dass die Frage nach dem freien Willen nicht nur eine philosophische, sondern auch eine existenzielle Bedeutung hat. Es ist eine Frage, die nicht nur Intellekt, sondern auch Emotion anspricht und tiefe Überlegungen zur menschlichen Natur auslöst. Diese emotionale Komponente floss in meine Reflektionen ein.

Herausforderungen und Kontroversen

Die Auseinandersetzung mit kritischen Perspektiven und aktuellen Debatten war herausfordernd, aber gleichzeitig erhellend. Die Kontroversen, die in Bezug auf den freien Willen bestehen, verdeutlichen, dass es keine einfachen Antworten gibt. Die Vielfalt der Meinungen und Forschungsansätze spiegelt die Komplexität des Themas wider.

Einflüsse auf das Verständnis

Mein Verständnis des freien Willens wurde während des Schreibprozesses auf subtile Weise beeinflusst. Die Erkenntnis, dass kulturelle, religiöse und soziale Kontexte eine bedeutende Rolle spielen, führte zu einer differenzierteren Betrachtung. Zudem wurde mir bewusst, dass die Debatte über den freien Willen nicht nur akademisch, sondern auch gesellschaftlich und ethisch von großer Relevanz ist.

Ein Blick in die Zukunft

Der Schreibprozess endet nicht mit dem letzten Kapitel. Vielmehr sehe ich die Veröffentlichung dieses Buches als Teil einer fortwährenden Diskussion. Die Entwicklungen in den Neurowissenschaften, ethische Überlegungen und gesellschaftliche Veränderungen werden weiterhin Einfluss auf das Verständnis des freien Willens nehmen.

Einladung zur eigenen Reflexion

Mit diesem Kapitel möchte ich nicht nur meine Gedanken teilen, sondern auch den Leser dazu einladen, selbst über die Thematik nachzudenken. Der Weg, den ich während der Recherche und des Schreibens gegangen bin, soll anregen, eigene Überlegungen anzustellen und kritisch über die Vorstellung des freien Willens nachzudenken.

Die persönliche Reflexion bietet somit einen Einblick in die Entstehung des Buches und ermutigt den Leser, sich aktiv an der Diskussion zu beteiligen und eigene Perspektiven zu entwickeln.

Über den Autor

Lutz Spilker wurde im Jahre 1955 in Duisburg geboren.

Bevor er zum Schreiben von Romanen und Dokumentationen fand, verließen bisher unzählige Kurzgeschichten, Kolumnen und Versdichtungen seine Feder.

In seinen Büchern befasst er sich vorrangig mit dem menschlichen Bewusstsein und der damit verbundenen Wahrnehmung. Seine Grenzen sind nicht die, welche mit der Endlichkeit des Denkens, des Handelns und des Lebens begrenzt werden, sondern jene, die der empirischen Denkform noch nicht unterliegen.

Es sind die Möglichkeiten des Machbaren, die Dinge, welche sich allein in der Vorstellung eines jeden Menschen darstellen und aufgrund der Flüchtigkeit des Geistes unbewiesen bleiben. Die Erkenntnis besitzt ihre Gültigkeit lediglich bis zur Erlangung einer neuen und die passiert zu jeder weiteren Sekunde.

Die Welt von Lutz Spilker beginnt dort, wo zu Beginn allen Seins nichts Fassbares war, als leerer Raum. Kein Vorne, kein Hinten, kein Oben und kein Unten. Kein Glaube, kein Wissen, keine Moral, keine Gesetze und keine Grenzen. Nichts.

In Lutz Spilkers Romanen passieren heimtückische Morde ebenso wie die Zauber eines Märchens. Seine Bücher sind oftmals Thriller, Krimi, Abenteuer, Science Fiction, Fantasy und selbst Love-Story in einem.

»Ich liebe die Sprache: Sie vermag zu streicheln, zu liebkosen und zu Tränen zu rühren. Doch sie kann ebenso stachelig sein, wie der Dorn einer Rose und mit nur einem Hieb zerschmettern.«

In dieser Reihe sind bisher erschienen

Die Erfindung der Langeweile
Die Erfindung des Menschen
Die Erfindung des Geldes
Die Erfindung des Teufels
Die Erfindung des Erfolgs
Die Erfindung der Sterblichkeit
Die Erfindung der Lüge
Die Erfindung der Freiheit
Die Erfindung des Todes
Die Erfindung der Welt
Die Erfindung des Inselmenschen
Die Erfindung der Zeit
Die Erfindung der Seele
Die Erfindung der Politik
Die Erfindung des Gewissens
Die Erfindung der Religion
Die Erfindung der Schuld
Die Erfindung der Gerechtigkeit
Die Erfindung des Friedens
Die Erfindung des Selbstgesprächs
Die Erfindung der Zukunft
Die Erfindung der Pornographie
Die Erfindung der Verschwendung
Die Erfindung des Erwachsenseins
Die Erfindung der Hölle
Die Erfindung der Überbevölkerung
Die Erfindung des Himmels
Die Erfindung der Monarchie
Die Erfindung der Unterhaltung
Die Erfindung der Sprache

Die Erfindung der Musik
Die Erfindung der Wiedergeburt
Die Erfindung des Zufalls
Die Erfindung der Namen
Die Erfindung des Bewusstseins
Die Erfindung des freien Willens
Die Erfindung des Wahrsagens
Die Erfindung der Körpersprache
Die Erfindung des Schlafs
Die Erfindung der Sklaverei
Die Erfindung der Angst
Die Erfindung der Vernunft
Die Erfindung des Vollmonds
Die Erfindung des Vitamin B
Die Erfindung des Make-Up
Die Erfindung des Weihnachtsfestes
Die Erfindung des Ku-Klux-Klan
Die Erfindung des Träumens
Die Erfindung der Flaschenpost
Die Erfindung der Mafia
Die Erfindung der Freimaurer
Die Erfindung der Freibeuter
Die Erfindung der Raumfahrt
Die Erfindung der Tempelritter
Die Erfindung des ADHS-Syndroms
Die Erfindung der Homöopathie
Die Erfindung der Freizeitparks

FSC
www.fsc.org
MIX
Papier | Fördert
gute Waldnutzung
FSC® C083411

Zeitfracht Medien GmbH
Ferdinand-Jühlke-Straße 7
99095 Erfurt, Deutschland
produktsicherheit@kolibri360.de